Université de France.

ACADÉMIE DE STRASBOURG.

THÈSE

POUR OBTENIR LE GRADE DE LICENCIÉ EN DROIT,

SOUTENUE PUBLIQUEMENT

A LA FACULTÉ DE DROIT DE STRASBOURG,

Le mercredi 22 août 1838, à midi,

PAR

M. J. ALEXIS GAST,

DE SAVERNE (BAS-RHIN).

M. RAUTER, Doyen.

Président, M. Thieriet.

Examinateurs. {
MM. Thieriet.
Aubry.
Schutzenberger.
Rau, Professeur suppléant.
} Professeurs.

La Faculté n'entend approuver ni désapprouver les opinions particulières au candidat.

STRASBOURG,

IMPRIMERIE DE G. SILBERMANN, PLACE SAINT-THOMAS, 3.
1838.

sous leur égide; c'est elle aussi qui impose à l'enfant le devoir de secourir les auteurs de ses jours et de ne pas leur préférer, dans la disposition de ses biens, des personnes étrangères. Malheureusement l'homme n'écoute pas toujours la voix de la nature; souvent il foule aux pieds les sentiments les plus sacrés et qui paraîtraient ne pouvoir jamais être méconnus. Mais, en présence d'un pareil scandale, la loi ne devait point rester muette. Son intervention devenait indispensable pour assurer l'accomplissement d'un devoir dont la violation ne peut, en aucun cas, être autorisée. C'est pour cette raison que la législation de tous les peuples civilisés, circonscrivant dans de sages limites la liberté de disposer, a réservé aux parents, ainsi qu'aux enfants, une certaine quotité de leurs biens repectifs, dont ils ne pourront jamais être privés par de blâmables libéralités au profit de tierces personnes.

Mais, d'un côté, tout en restreignant, sous ce rapport, le pouvoir paternel, on devait se garder de le réduire à l'impuissance; tout en leur refusant le droit de déshériter un enfant, droit qui fut toujours une source féconde de haine et de dissensions dans les familles, il était du devoir d'un bon législateur de ménager aux parents le moyen de punir un fils ingrat et dénaturé; d'un autre côté, il ne fallait pas non plus rendre illusoire le droit de propriété des enfants sur des biens qu'ils peuvent avoir acquis par leur travail ou leur industrie, et en faire, pour ainsi dire, un simple droit d'usufruit. La justice exigeait qu'on leur conservât la faculté de s'acquitter envers des bienfaiteurs, de faire des libéralités à des amis.

La loi française nous paraît avoir heureusement atteint un but si moral; elle nous semble avoir concilié avec beaucoup de justesse les intérêts des parents et ceux des enfants.

Du reste, l'expérience des temps passés ne lui avait pas manqué. Instruite par les leçons de l'histoire, elle a pu éviter les inconvénients des législations antérieures et marcher à pas sûrs dans la carrière qu'elle avait à parcourir.

B. NOTIONS HISTORIQUES.

§ 1. *Législation romaine.*

Dans les premiers temps de Rome, la puissance paternelle n'avait point de bornes. Une loi de Romulus qui, dans la suite, passa dans celle des XII Tables, reconnaissait au père le droit de vie et de mort sur ses enfants. Celui qui pouvait légalement tuer son enfant, devait à plus forte raison pouvoir l'exhéréder. La loi des XII Tables ne fut point inconséquente à cet égard. Elle proclama en effet le principe : *pater familias uti legassit super pecuniâ tutelâve suæ rei ita jus esto.* La sauvage indépendance des premiers Romains, leur fureur de commander, expliquent et justifient le despotisme paternel consacré par ces lois.

Mais peu à peu une législation plus douce, plus appropriée aux véritables besoins de l'homme, remplaça cette législation barbare; cependant ce ne fut qu'avec les plus grandes précautions qu'on osa restreindre la liberté de tester. Cette liberté était peut-être l'une des prérogatives que les Romains étaient le plus jaloux de conserver dans toute son étendue. Aussi les premières modifications qu'on y apporta, n'allèrent-elles pas jusqu'à poser une limite au delà de laquelle le père ne pût disposer de ses biens au préjudice de ses enfants. On chercha seulement à soumettre le droit de tester à des formalités destinées à rappeler au disposant le devoir qu'il allait oublier ou violer. C'est ainsi que l'on exigea, pour la validité du testament, l'exhérédation formelle et expresse des enfants que le père voulait exclure de sa succession. Mais l'insuffisance de cette mesure qui, après tout, ne constituait pour les ascendants paternels qu'une formalité de plus, dont la mère et les ascendants maternels étaient dispensés, ne tarda pas à se faire sentir. Alors fut introduite la plainte ou l'action de testament inofficieux, en vertu de laquelle un enfant injustement omis ou déshérité faisait casser le testament qui lui portait préjudice, et obtenait ainsi l'hérédité dont ses parents l'avaient écarté sans un motif plausible. Le testateur ne pouvait éviter l'annulation de son testament qu'en conférant à ceux qui avaient le droit d'intenter la plainte d'inofficiosité une certaine quotité des biens qu'ils eussent recueillis dans sa succession *ab intestat*. Cette quotité appelée *légitime* était fixée pour chacun d'eux au quart de sa portion héréditaire; comme c'était uniquement au nom d'un devoir d'affection, de piété, *ex officio pietatis*, que l'on imposait une pareille condition au testateur; comme ce n'étaient que des moyens d'existence qu'on avait pour but d'assurer par là aux enfants et non un droit héréditaire qu'on voulait leur garantir, il importait peu à quel titre la légitime leur avait été laissée; il n'était pas nécessaire qu'ils fussent institués héritiers. La plainte d'inofficiosité était inadmissible dès que chacun d'eux avait reçu, dans son intégralité, la part qui lui avait du être nécessairement attribuée. Si cette part n'était pas complète, le testament pouvait être cassé, à moins que le testateur n'eût formellement prescrit de la compléter. Mais Justinien ordonna que même dans le cas où le testateur n'aurait pas fait cette mention, le légitimaire n'eût jamais que l'action en complément de sa légitime.

La loi romaine accordait l'action d'inofficiosité, à défaut de descendants, aux ascendants, et même à défaut de ceux-ci aux frères et sœurs; mais à ces derniers seulement dans le cas où le testateur avait institué héritier une personne notée d'infamie.

Les novelles de Justinien apportèrent d'utiles et d'importants changements à l'ancienne législation, relativement à la matière qui nous occupe. Conformément aux vrais principes, la quotité de la légitime fut calculée d'après le nombre de ceux qui y avaient droit. Elle fut fixée au tiers des biens du disposant, s'il y avait quatre légitimaires ou moins, et à la moitié, s'ils étaient plus de quatre. L'on exigea ensuite que tous les légitimaires, à l'exception des frères et sœurs, fussent institués héritiers, ne fût-ce que pour un objet particulier, sauf à eux à intenter l'action en supplément de la légitime en cas d'insuffisance.

La légitime peut être épuisée non-seulement par des dispositions testamentaires, mais encore par des donations entre-vifs. Il fallait donc, pour ne pas rendre illusoire, en certains cas, le droit des légitimaires, le mettre aussi à l'abri contre les dispositions de cette dernière espèce. C'est pour ce motif que l'on soumit les donations excessives à l'action en réduction jusqu'à concurrence de la portion légitime.

§ 2. Ancien Droit français.

On distinguait autrefois en France les pays de Droit écrit et ceux de Droit coutumier.

Les pays de Droit écrit avaient adopté la légitime, telle qu'elle avait été réglée par la loi romaine. Les dispositions de cette loi éprouvèrent, il est vrai, de légères modifications, soit par la jurisprudence des parlements, soit par les ordonnances de 1734 et de 1735; mais les principes qui dominaient la légitime en Droit romain, n'en restèrent pas moins les mêmes. C'est ainsi qu'en pays de droit écrit les légitimaires revendiquèrent toujours leur légitime comme un secours qui leur était dû, et à raison d'un devoir d'affection, de piété, *ex officio pietatis,* que les personnes, du testament ou des donations desquelles ils avaient le droit de se plaindre, n'auraient pas dû violer. La légitime constituait toujours pour eux plutôt un Droit de créance affectée sur les biens disposants, qu'un droit héréditaire garanti par la loi.

En pays coutumiers, la légitime était régie par des principes tout différents : l'institution d'héritiers n'y avait pas été admise ; les dispositions à cause de mort n'y constituaient jamais que de simples legs. La loi seule déférait le titre d'héritiers aux plus proches parents du défunt. En vertu de ce titre, ces derniers étaient saisis de plein droit, et au moment même du décès qui lui donnait ouverture de la succession à laquelle ils étaient appelés. Si quelques-uns d'entre eux, spécialement désignés par la loi, devaient, malgré

litique, dont on était alors préoccupé, avait aveuglé l'esprit du législateur sur les funestes conséquences que devaient avoir les dispositions qu'il décrétait. L'expérience ne tarda pas à en démontrer les
dangers. L'autorité paternelle, désarmée et méconnue, protesta vio-
lemment contre leur injustice et la despotique égalité qu'elles pro-
clamaient.

La loi du 4 germinal an VIII revint à de meilleurs principes.
Restituant aux parents le droit dont ils avaient été injustement dé-
pouillés, elle leur permit de disposer, comme bon leur semblerait,
d'une portion de leurs biens, proportionnée au nombre de leurs
descendants.

La quotité disponible fut fixée au quart des biens, lorsqu'on laissait moins de quatre enfants, au cinquième, lorsqu'on en laissait
quatre, et ainsi de suite. On put disposer de la moitié de sa fortune,
si l'on n'avait pour héritiers que des ascendants, des frères ou sœurs
ou descendants d'eux, et des trois-quarts, si les plus proches parents
étaient des oncles ou grands-oncles, tantes ou grand'tantes, cou-
sins germains ou cousines germaines.

A défaut de parents dans les degrés ci-dessus indiqués, les libéralités du défunt pouvaient épuiser tout son patrimoine.

C. NATURE ET FONDEMENT DU DROIT DE RÉSERVE.

Les rédacteurs du Code civil avaient à choisir entre les différents
systèmes sur lesquels on avait antérieurement fondé le droit de légitime ou de réserve; ou, pour mieux dire, lorsqu'ils durent s'occuper
des dispositions sur la réserve, le choix était déjà indiqué; car dès
que, par l'art. 724 du Code civil, on avait adopté la saisine légale, on
était obligé, sous peine d'inconséquence, d'admettre également le
droit de copropriété dont elle découle. D'où l'on voit que la réserve
actuelle se rapproche nécessairement de la réserve coutumière, qui
était partie du même principe. Cependant le Code civil n'a pas admis le droit de réserve dans les mêmes limites que les coutumes.

Celles-ci, en effet, le reconnaissaient à tous les héritiers des propres indistinctement; le Code, au contraire, ne l'attribue qu'aux héritiers en ligne directe, qu'on appelle pour ce motif *héritiers à réserve;* d'un autre côté, le Code soumet à la réserve tous les biens du défunt, quelles que soient leur origine et leur nature, tandis que la réserve coutumière ne pouvait ordinairement s'exercer que sur les propres. Il faut aussi remarquer que la plupart des coutumes n'appliquaient le droit de réserve qu'aux dispositions à cause de mort. Le Code, plus logique à cet égard, l'a étendu aux donations entre vifs.

La loi, garantissant à certains héritiers un droit de copropriété sur les biens de leur auteur, n'a dû permettre à celui-ci de disposer, en ce cas, d'une partie de sa fortune que par exception. Les héritiers à réserve sont donc toujours saisis de plein droit, et dès l'instant de son ouverture, de la succession qui leur est dévolue. C'est en vain que pour leur contester la saisine, les légataires ou autres donataires à cause de mort se prévaudraient des dispositions faites en leur faveur; car la réserve a précisément pour but d'assurer contre toutes les dispositions à titre gratuit du défunt, du moins jusqu'à concurrence d'une certaine quotité de biens, le droit héréditaire, le droit de succession *ab intestat* de ceux auxquels elle compète.

Par suite de l'existence d'héritiers à réserve, le patrimoine du défunt se divise en deux parties, qui sont l'une le complément de l'autre. L'une, la quotité disponible, a pu être donnée ou léguée par le défunt de la manière dont il l'a jugé convenable. L'autre, la réserve, appartient, en vertu de la loi, aux héritiers ci-dessus indiqués et ne peut être entamée à leur préjudice.

Il existe dans le Code certains cas particuliers où la réserve se trouve augmentée ou restreinte. Comme nous devons nous borner à exposer les principes généraux de la matière, nous ne nous occuperons pas de ces hypothèses, qui sont en dehors du cadre que nous avons à remplir.   2

Nous diviserons notre sujet en cinq chapitres.

CHAPITRE PREMIER.

DES PERSONNES QUI ONT UN DROIT DE RÉSERVE ET DE LA QUOTITÉ DE LA RÉSERVE QUE LA LOI LEUR ATTRIBUE.

La loi française, ainsi que nous l'avons dit plus haut, n'accorde un droit de réserve qu'aux héritiers en ligne directe (art. 916). Nous traiterons, en deux sections distinctes, de la réserve des descendants et de celle des ascendants.

SECTION PREMIÈRE.

De la réserve des descendants.

L'art. 913 fixe la réserve des enfants à la moitié des biens du disposant, s'il n'a qu'un enfant légitime; aux deux tiers, s'il en a deux; aux trois quarts, s'il en a trois ou un plus grand nombre. En se référant strictement à la lettre de cet article, on serait disposé à croire que les enfants légitimes seuls ont droit à une réserve. Mais d'abord, il est évident que les enfants légitimés doivent, à cet égard, être mis sur la même ligne que les enfants légitimes; car, sous le rapport des droits qui leur compètent, l'art. 333 du Code civil les assimile entièrement à ces derniers. On ne saurait non plus contester aux enfants adoptifs la qualité d'héritiers à réserve. En effet, l'art. 350 du Code civil leur accorde, sur la succession de l'adoptant, les mêmes droits que s'ils étaient nés du mariage de leur père adoptif. Or, le droit de réserve ne constituant, comme nous l'avons vu, qu'un droit de succession, il est hors de doute qu'il doit être compris dans les dispositions de l'article précité. Enfin, une doctrine aujourd'hui généralement confirmée par la jurisprudence, accorde aussi une réserve aux enfants naturels reconnus sur les biens de leurs père et mère. Cette réserve, toute exceptionnelle, étant réglée par des dispositions qui ne rentrent pas dans la série des articles que nous avons à traiter, nous ne l'examinerons point.

D'un autre côté, l'art. 913 ne parle que des enfants que le disposant laisse à son décès. Cependant il est universellement reconnu qu'il faut aussi entendre par là ceux qui, à cette époque, ne seraient encore que conçus, pourvu toutefois qu'ils naissent viables. On suit, sous ce rapport, la règle de Droit romain : *Conceptus pro nato habetur quoties de commodo ejus agitur.*

La réserve n'étant attribuée qu'à titre héréditaire à ceux qui y ont droit, il en résulte que ceux qui n'arrivent pas à la succession, par quelque motif que ce soit, ne peuvent pas non plus prétendre à la réserve. Ainsi donc les renonçants, les indignes, les incapables, sont également déchus du droit de réserve.

Mais, a-t-on dit, si celui qui renonce n'a point le droit de revendiquer sa réserve par voie d'action, du moins peut-il le retenir par voie d'exception sur les donations qui ont pu lui être faites par le défunt. Nous ne saurions admettre cette opinion qui nous semble incompatible avec le principe sur lequel nous avons fondé le droit de réserve. En effet, nous avons établi que la réserve est un droit héréditaire par essence, et que c'est uniquement à titre de succession *ab intestat* que la loi le défère à certains héritiers. Un enfant ne peut donc pas réclamer sa réserve par cela seul qu'il a la qualité d'enfant. Il faut nécessairement qu'il se porte héritier, qu'il accepte, au moins sous bénéfice d'inventaire, la succession de son auteur. S'il renonce, il est censé n'avoir jamais été héritier (art. 785 du Code civil), et par suite il perd tout droit et à la succession et à la réserve. D'ailleurs l'opinion que nous combattons aurait pour résultat d'effacer toute différence entre les donations faites par préciput ou hors part, et celles qui sont faites sans dispense de rapport; car il ne tiendrait qu'à l'enfant donataire de ne pas rapporter le don qui lui a été fait sous préciput; il lui suffirait pour cela de renoncer à la succession.

2.

Sa renonciation ne pourrait lui préjudicier, puisque, quoiqu'elle ait eu lieu, il serait admis à prendre sa part dans la réserve en retenant cette part sur la donation faite en sa faveur. Mais ce qui achève de démontrer le peu de fondement de cette opinion, c'est le texte de l'art. 845 du Code civil, qui la proscrit en termes exprès, en refusant à l'héritier qui renonce le droit de retenir au delà de la portion disponible le don qui lui a été fait entre vifs. Vainement prétendrait-on que, quant aux dispositions de cet article, il faut distinguer une quotité disponible absolue et une quotité disponible relative, l'une envers les étrangers et l'autre envers les héritiers à réserve, et viendrait-on soutenir que lorsque le législateur parle de la quotité disponible envers les héritiers à réserve, il y comprend la quotité disponible ordinaire, plus une portion d'enfant. Aucune disposition de la loi n'autorise une pareille doctrine; au contraire l'art. 913 divise le patrimoine du père en deux masses distinctes, la quotité disponible et la réserve, dont chacune est irrévocablement fixée à une portion de biens plus ou moins grande, suivant le nombre des enfants existant à son décès; la réserve une fois déterminée, reste une et invariable, et est attribuée en entier à ceux des enfants qui se sont portés héritiers à l'exclusion de tous ceux qui ont renoncé à la succession. On doit, en effet, se rappeler que la réserve du Droit français diffère essentiellement de la légitime du Droit romain, qu'elle n'est pas, comme cette dernière, dévolue d'une manière individuelle et à titre de secours à chaque enfant, mais qu'elle constitue un droit héréditaire que la loi garantit collectivement à certains héritiers qu'elle désigne.

Aussi la Cour de cassation avait-elle confirmé notre opinion par un arrêt, en date du 18 février 1818. Cet arrêt, célèbre dans les annales judiciaires, semblait avoir fixé la jurisprudence sur cette importante question. Mais tout récemment la Cour suprême vient de rendre une décision dans le sens opposé et de consacrer la doctrine que d'abord elle avait repoussée. Néanmoins, nous croyons devoir persister dans la solution que nous avons adoptée.

L'art. 914, étend aux descendants, à quelque degré qu'ils soient, le droit de réserve que l'art. 913 accorde à ceux du premier degré.

La quotité de la réserve des descendants est calculée sur leur nombre. Il importe donc de connaître la manière de les compter, et de savoir si tous indistinctement doivent faire nombre ou s'il est certains d'entre eux que l'on doit omettre.

Lorsque les descendants sont tous au premier degré, chacun d'eux entre en ligne de compte. La seule difficulté qui s'élève dans ce cas consiste à savoir si les descendants qui ne prennent point part à la succession, sont néanmoins à compter pour la fixation de la réserve.

Examinons d'abord la question par rapport aux renonçants. Quoique par l'effet de leur renonciation, ils deviennent entièrement étrangers à la succession et que par suite ils perdent tout droit à la réserve, ils n'en doivent pas moins être comptés pour établir la quotité de cette dernière. En effet, nous avons fait remarquer que la réserve se trouve fixée d'une manière irrévocable dès l'instant même du décès du disposant. La loi la détermine d'après le nombre des enfants qui existent à cette époque, sans avoir aucun égard à la renonciation postérieure d'un ou de plusieurs d'entre eux. La réserve leur étant dévolue à tous d'une manière collective, la part du renonçant accroît à celle des acceptants; ce principe se justifie d'autant mieux que l'art. 786 du Code civil, ayant établi le droit d'accroissement en matière de succession, ce droit est sans contredit applicable à la réserve qui est toujours déférée à titre de succession.

D'ailleurs les renonçants ont été, jusqu'au moment de leur renonciation, légalement saisis de l'hérédité. On a donc dû les compter pour la fixation de la réserve. Mais, nous dira-t-on, la saisine légale, dont vous argumentez, est entièrement effacée par les dispositions rétroactives de l'art. 785 du Code civil, qui porte que celui qui renonce est censé n'avoir jamais été héritier. Nous répondrons que la rétroactivité de l'art. 785 ne peut aller jusqu'à détruire un fait qui s'est passé, savoir celui de l'existence lors du décès du disposant d'un certain nombre d'héritiers à réserve, qui à cette époque n'avaient pas encore renoncé, et qui par cela même ont dû être comptés pour déterminer la quotité de la réserve. D'un autre côté, le père, en disposant de ses biens, n'avait le droit de le faire que dans la limite de la quotité disponible, eu égard au nombre de ses enfants, et il ne peut pas être supposé avoir prévu la renonciation d'un ou plusieurs d'entre eux.

Les raisonnements au moyen desquels nous venons d'établir que les renonçants doivent être comptés, s'appliquent également aux héritiers qui sont déclarés indignes.

Mais il n'en est pas de même des incapables. Ceux-ci, en effet, n'ont jamais été investis de la saisine légale. Ils sont de plein droit réputés étrangers à la succession, à l'égard de laquelle ils sont à considérer comme n'existant pas. On ne saurait donc à aucun titre les compter pour déterminer une réserve à laquelle ils n'ont jamais pu prétendre.

D'après les dispositions de l'art. 135 du Code civil, on ne peut réclamer un droit éventuel échu à un absent pendant son absence, qu'à charge de prouver qu'il était en vie à l'époque où ce droit s'est ouvert en sa faveur. Il en résulte que les cohéritiers d'un absent ne peuvent le compter, dans le but d'augmenter la quotité de la réserve qui leur est attribuée, qu'en rapportant la preuve de son existence au moment où le droit de réserve s'est ouvert. Jusque-là l'absent sera réputé mort, et par suite ne pourra figurer en ligne de compte.

Lorsque les descendants ne sont pas tous au premier degré, le mode de les compter est réglé par l'art. 914, qui est ainsi conçu : « Sont compris sous le nom d'enfant les descendants en quelque degré que ce soit. Néanmoins ils ne sont comptés que pour l'enfant qu'ils représentent dans la succession du disposant. » Ainsi donc les petits-enfants ou descendants d'un degré ultérieur ne sont jamais comptés que pour l'enfant du premier degré dont ils descendent. Cependant M. Levasseur, dans son *Traité de la quotité disponible,* a embrassé une opinion contraire. Il soutient que lorsqu'il n'y a que des petits-enfants du disposant, issus d'un enfant unique prédécédé, chacun de ces enfants fait nombre pour la fixation de la réserve. En effet, dit-il, la loi ne réduit les petits-enfants à la réserve de celui dont ils descendent, que lorsqu'ils viennent à la succession de leur aïeul par droit de représentation, c'est-à-dire en concurrence avec des oncles ou des tantes; mais lorsque c'est de leur chef qu'ils ont droit à cette succession, lorsqu'ils ne la réclament plus comme représentants de leur père, mais en leur nom propre, on ne peut plus leur appliquer la seconde disposition de l'art. 914, qui est étrangère à cette hypothèse; c'est au contraire la première disposition de cet article qu'il faut suivre dans ce cas; et cette disposition attribue aux petits-enfants les mêmes droits que l'art. 913 accorde aux enfants du premier degré.

Ce système, pour être spécieux et subtil, n'en est pas moins erroné. Car de ce que l'art. 914 porte que les descendants sont compris dans le mot *enfants,* on ne peut en conclure que cet article ait voulu dire par là que les petits-enfants doivent être considérés chacun comme un enfant. C'est précisément pour qu'on ne pût pas l'expliquer en ce sens qu'il a ajouté dans sa dernière disposition : « Néanmoins ils « ne sont comptés que pour l'enfant qu'ils représentent dans la suc-« cession du disposant. » Il est vrai que M. Levasseur, dans l'hypothèse qu'il propose, prétend qu'il ne peut y avoir lieu à représentation dans le sens juridique du mot. Mais comme le fait remarquer M. Merlin, à qui nous empruntons la réfutation de ce système, le mot *représenter* peut être pris dans différents sens. Si la loi l'a employé pour exprimer qu'elle fait concourir des parents plus éloignés avec des parents plus proches, lorsque l'auteur de ces parents éloignés est à un degré égal à celui des parents plus proches, il ne s'en suit pas qu'elle soit enchaînée par cette acception, et qu'elle ne puisse plus désormais se servir de ce mot pour formuler une autre idée. Ainsi, dans l'hypothèse qui nous occupe, en disant que les petits-enfants sont comptés pour l'enfant qu'ils représentent, elle a fort bien pu avoir voulu entendre par là l'enfant dont ils occupent la place, dont ils proviennent ou dont ils descendent.

Mais ce qui trahit surtout la fausseté du système de M. Levasseur, ce sont les conséquences auxquelles il conduit. Ainsi, par exemple un fils unique qui aurait trois enfants, pourrait, en renonçant, réduire à un quart la quotité disponible, tandis que le père aurait pu disposer d'une moitié, si le fils eût accepté la succession. Mais il y a mieux, l'exclusion de la succession paternelle pour cause d'indignité, prononcée contre un fils qui se trouverait dans les circonstances que nous venons de supposer, loin de lui causer du préjudice, lui procurerait cet avantage, que ses enfants, venant alors de leur chef à la succession de leur aïeul, pourraient prétendre à une réserve beaucoup plus forte que celle qui eût été attribuée à leur père. Énoncer de pareilles conséquences, c'est renverser le système d'où elles découlent. Du reste, M. Levasseur est obligé de reconnaître lui-même l'erreur où il est tombé, car à la page 30 de son ouvrage il dit, en parlant de la renonciation d'un héritier à réserve : « La renonciation « ne doit pas influer sur la quotité disponible qui restera la même « sans augmentation et sera déterminée, eu égard au nombre des « appelés, comme s'il n'y avait pas eu de renonciation. » Évidemment il est impossible de concilier cette proposition avec le système que nous avons exposé.

Il est presque inutile d'ajouter que la réserve, n'étant qu'un droit héréditaire, est dévolue aux descendants suivant l'ordre dans lequel ils sont appelés à la succession *ab intestat* du défunt.

SECTION II.

De la réserve des ascendants.

Au défaut de descendants, le Code attribue une réserve aux ascendants à quelque degré qu'ils puissent être. Cette réserve est de la moitié des biens du défunt, s'il laisse un ou plusieurs ascendants dans chacune des deux lignes paternelle et maternelle, et du quart s'il ne laisse des ascendants que dans une ligne (art. 915).

Ainsi que la succession, la réserve déférée aux ascendants se divise en deux parts, dont l'une appartient à la ligne paternelle, l'autre à la ligne maternelle. Chaque ligne recueille d'une manière distincte et séparée la réserve qui lui est assignée. Il ne se fait jamais de transmission d'une ligne à l'autre (art. 733 du Code civil). Si donc, les ascendants paternels viennent à défaillir, leur part n'accroît pas à celle des ascendants maternels et réciproquement. Le droit d'accroissement n'a lieu qu'entre ceux qui se trouvent tous du même côté. Ce n'est donc que relativement à la part attribuée à chaque ligne en particulier, que la dévolution de la réserve des ascendants est collective.

L'ordre dans lequel les ascendants doivent prendre part à la réserve ne saurait offrir aucune difficulté, cet ordre étant le même que celui dans lequel ils sont appelés à succéder. Ainsi l'ascendant le plus proche exclut toujours le plus éloigné, et ceux qui sont au même degré succèdent par tête.

Quant à la question de savoir si les ascendants renonçants, indignes ou incapables ont droit à la réserve, elle est déjà résolue par ce que nous avons dit précédemment des descendants qui se trouvent dans les mêmes circonstances. Les mêmes motifs de décider s'appliquent aux uns et aux autres.

Nous avons maintenant à examiner les dispositions qui régissent la réserve des ascendants, lorsqu'ils sont en présence de parents

collatéraux du défunt. Nous distinguerons à cet effet trois hypothèses.

I. Lorsque les héritiers du défunt sont ses père et mère, et des
frères et sœurs, ou descendants d'eux, la succession se divise en deux
parts égales, dont l'une est dévolue aux ascendants, l'autre aux collatéraux, et dans le cas où le père ou la mère serait mort, le quart
qui eût été attribué au prédécédé se réunit à la moitié déférée aux
frères ou sœurs (art. 748 et 749 du Code civil). D'où l'on voit que
la quotité de la part hériditaire du père et de la mère est, dans
cette circonstance, identique avec celle de leur réserve.

Mais comme la loi garantit formellement à chacun d'eux le droit
de succéder à un quart des biens de leur enfant, il s'en suit que
s'ils devaient ne point être remplis de leur réserve par suite du partage de l'hérédité avec les frères ou sœurs, ils recueilleraient à eux
seuls tous les biens de la succession jusqu'à concurrence de la quotité qui leur est réservée. Les frères ou sœurs ne pourraient réclamer
que le surplus des biens libres existant dans l'hérédité (art. 715).

Quelques auteurs ayant défini la réserve, une certaine portion
des biens que l'héritier à réserve recueille dans la succession *ab intestat* du défunt, portion rendue indisponible par la loi, il leur
était nécessairement impossible d'admettre que la réserve pût jamais être égale à la quotité successible. Cependant la loi est formelle
à cet égard. En effet, la part héréditaire des père et mère, dans l'hypothèse dont nous nous occupons, est incontestablement pour chacun d'eux, du quart de la succession (art. 751 du Code civil). D'un
autre côté, l'art. 915 fixe à la même quotité la réserve qu'il leur accorde sur les biens du disposant. Aussi M. Levasseur, qui est du
nombre des auteurs dont nous venons de parler, a-t-il cherché à
prêter un autre sens aux expressions de ce dernier article. Il a pré-
tendu qu'en parlant de la moitié des biens, cet article n'entendait
pas dire par là, la moitié des biens du disposant; mais la moitié
des biens qui seraient revenus au père et à la mère dans la succession *ab intestat*.

Cependant, s'apercevant bientôt qu'interpréter ainsi l'art. 915, c'est évidemment en torturer le sens, et que d'ailleurs le rapprochement des art. 913 et 916, rend cette explication tout à fait inadmissible, il ajoute qu'on ne doit point s'attacher d'une manière trop servile aux conséquences de la lettre d'un article de loi, et que l'esprit général de la législation est de permettre que le défunt puisse exercer des libéralités, qui absorbent ou au moins diminuent la part de ses héritiers. Une pareille opinion ne peut être soutenue sérieusement ; car lorsque le législateur a exprimé sa volonté d'une manière claire et précise, rien n'autorise à s'en écarter et à substituer ses propres idées aux dispositions de la loi. Nous repoussons donc la définition que nous avons rapportée plus haut, car la réserve actuelle, à la différence de la légitime du Droit romain, ne doit pas être considérée comme une portion de la part héréditaire, mais comme une portion des biens du défunt en général, abstraction faite de toute proportion avec la quotité successible.

C'est en s'appuyant sur cette définition erronée que M. Levasseur a soutenu, que, dans le cas prévu par les art. 753 et 754 du Code civil, le père ou la mère survivant qui ne succède pas seulement pour la moitié des biens, mais encore pour l'usufruit du tiers de la moitié déférée aux collatéraux de l'autre ligne, peut réclamer à titre de réserve, outre le quart des biens du défunt, une portion de cet usufruit en proportion du montant de la quotité indisponible, avec celui de la part héréditaire ; car, dit-il, l'usufruit dont il est question, est l'un des éléments qui composent la quotité successible du père ou de la mère. Or, la réserve n'est qu'une portion de cette quotité. De ces prémisses il tire la conclusion qu'une partie de cet usufruit doit nécessairement entrer dans la composition de la quotité indisponible. Nous avons sapé la base de ce raisonnement en établissant que la réserve n'est point graduée sur la part héréditaire des héritiers à réserve, mais sur la masse des biens du défunt. D'ailleurs, dès que dans l'hypothèse dont il s'agit, l'ar-

3.

ticle 915 fixe la réserve au quart des biens du disposant, les trois autres quarts sont par cela même compris en entier dans la quotité disponible.

II. Lorsque le défunt laisse des frères ou sœurs, et des ascendants autres que le père et la mère, l'art. 750 du Code civil exclut ces ascendants de la succession qu'il défère en totalité aux collatéraux. Cependant, nous avons vu qu'en vertu de l'art. 915, tous les ascendants, à quelque degré qu'ils soient, ont droit à une réserve. Comment concilier ces deux articles? N'y a-t-il pas là une contradiction dans la loi? Il suffit d'examiner attentivement le texte de l'article 915, pour faire disparaître cette discordance apparente entre les dispositions sur la succession et les dispositions sur la réserve. En effet, le second alinéa de l'art. 915 porte : « Les biens ainsi réser- « vés au profit des ascendants seront par eux recueillis dans l'ordre « où la loi les appelle à succéder. » D'où il suit tout naturellement que lorsque les ascendants ne sont pas appelés à succéder ; ainsi que cela a lieu dans l'hypothèse actuelle, ils ne peuvent pas revendiquer une réserve.

Mais dans le cas où le défunt aurait exclu de sa succession ses frères ou sœurs, ou descendants d'eux, les ascendants seraient-ils en droit de réclamer une réserve sur les donations et legs faits à des étrangers? Non, certainement; car ceux-ci leur opposeraient avec succès la maxime : *si vinco vincentem te, à fortiori vinco te.* En effet, il ne compète aux frères ou sœurs aucune action en réduction contre les légataires ou donataires. A plus forte raison, une action de cette nature ne saurait-elle appartenir aux ascendants qui sont exclus et primés par les frères ou sœurs.

III. Lorsque des ascendants, à quelque degré qu'ils soient, sont en présence de collatéraux autres que des frères ou sœurs ou descendants d'eux, les dispositions sur la réserve ne présentent aucune difficulté. Chaque ascendant exclut dans sa ligne, les collatéraux ci-dessus indiqués (art. 746), et recueille, selon les règles établies par l'art. 915, la réserve introduite en sa faveur.

CHAPITRE II.

DU CALCUL PÉCUNIAIRE DE LA RÉSERVE.

Nous avons déterminé la réserve quant à sa quotité abstraite; il s'agit maintenant d'en fixer la valeur eu égard à chaque patrimoine en particulier. Comme la loi calcule cette valeur sur la somme des biens du disposant, nous devons nécessairement connaître les biens qui entrent dans la composition de cette somme, et la manière de les évaluer. La masse étant une fois formée et estimée, il suffira, pour atteindre le but que nous nous proposons, de la partager suivant les proportions que nous avons indiquées dans le chapitre précédent, en quotité disponible et en réserve.

Nous diviserons ce chapitre en deux sections.

SECTION PREMIÈRE.

De la formation de la masse.

L'art. 922 nous trace dans les termes suivants la manière dont nous devons procéder. «La réduction se détermine en formant une «masse de tous les biens existant au décès du donateur ou testa-«teur; on y réunit fictivement ceux dont il a été disposé par dona-«tions entre vifs, d'après leur état à l'époque des donations, et leur «valeur au temps du décès du donateur. On calcule sur tous ces «biens, après en avoir déduit les dettes, quelle est, eu égard à la «qualité des héritiers qu'il laisse, la quotité dont le défunt a pu dis-«poser.»

La généralité des termes dont se sert cet article, montre clairement que tous les biens du défunt, sans aucune distinction, doivent entrer dans la composition de la masse. L'ancienne division du patrimoine en propres, acquêts et meubles, établie par les coutumes, n'a pas été conservée par le Code civil, qui, dans cette circonstance, n'a aucun égard à l'origine et à la nature des biens.

Mais quelles sont les limites dans lesquelles on doit renfermer l'étendue que l'on donne ici au mot *biens*? Ainsi, par exemple, faudrait-il comprendre dans les biens de la masse les créances actives, dont les débiteurs sont notoirement insolvables? Non, sans doute; car de pareilles créances n'ont absolument aucune valeur. Elles ne constituent pas des biens dans le sens strict du mot. En effet, on ne considère comme biens que les choses qui sont susceptibles d'une certaine utilité, qui peuvent rapporter un certain profit. D'un autre côté, on ne pourrait exclure de la masse les biens qui ne sont soumis qu'à une éviction éventuelle; sauf si l'éventualité se réalisait, la garantie à laquelle seraient obligés l'un envers l'autre, l'héritier à réserve et le légataire ou le donataire.

Le premier élément de la masse à former consiste, d'après l'art. 922, dans les biens qui composent la succession du donateur ou du testateur. Il n'y a aucune distinction à établir entre les biens donnés par testament et ceux dont il n'a pas été disposé; tous les biens qui se trouvaient dans le patrimoine du disposant, lors de son décès, étant placés sur la même ligne.

Aux biens qui existent dans la succession on devrait, en s'attachant aux termes de l'art. 922, réunir d'abord ceux dont il a été disposé par actes entre vifs, et puis après faire la déduction des dettes. Cette marche, qui ne présente aucun inconvénient lorsque les dettes qui grèvent l'hérédité sont inférieures à la masse des biens qui s'y trouvent, ne peut plus être suivie dans l'hypothèse contraire. Car si, dans ce cas, on n'opérait la déduction des dettes qu'après avoir réuni les biens existant dans la succession à ceux dont il a été disposé entre vifs, les créanciers du défunt se trouveraient par là avoir un recours indirect sur des biens qui, quant à eux, étaient irrévocablement sortis du patrimoine de leur débiteur, et sur lesquels ils n'avaient plus aucun droit à exercer. Procéder ainsi, ce

serait faire tourner au profit de ces créanciers un bénéfice que la
loi n'a voulu accorder qu'aux seuls héritiers à réserve ; ce serait rendre
illusoire le droit qu'on reconnaît à ces derniers de faire réduire les
donations qui lèsent la réserve, puisque l'exercice de ce droit n'aurait d'autre résultat que d'augmenter la masse des biens du défunt
en faveur de ses créanciers ; ce serait enfin attribuer au donateur le
droit de révoquer indirectement les donations qu'il a faites, en con-
tractant des dettes postérieurement à l'époque de ces donations. De
pareilles conséquences étaient inadmissibles : aussi ont-elles été formellement proscrites par les dispositions de l'art. 921, qui porte
que les créanciers de la succession ne pourront jamais demander la
réduction, ni en profiter.

Il faut donc, en premier lieu, faire une masse des biens qui se
trouvent dans l'hérédité ; de cette masse on déduit les dettes, dans
lesquelles on comprend les frais funéraires ; puis, si après cette déduction il existe encore quelques biens, on les réunit à ceux dont
il a été disposé entre vifs ; si, au contraire, il reste des dettes qui
n'ont pu être compensées par l'actif de la succession, on n'en tient
aucun compte, et la quotité disponible se calcule uniquement sur
la somme des biens aliénés par donations.

Dailleurs, comme l'ont fort judicieusement fait remarquer quelques auteurs, l'art. 922, sainement entendu, ne s'oppose pas à la
marche que nous venons d'indiquer. En effet, cet article exige que
l'on forme une masse des biens donnés entre vifs avec ceux qui se
trouvent dans la succession ; mais il ne peut y avoir de biens dans
la succession qu'autant que les dettes sont payées ; *bona enim non
intelliguntur nisi deducto œre alieno.* Si donc les dettes absorbent
l'actif de l'hérédité, la masse dont il est question en l'article ci-dessus
cité, ne sera plus possible ; les biens faisant l'objet de donations
entre vifs, seront alors seuls soumis à l'action des héritiers à réserve.

Nous avons dit que les biens compris dans les dispositions entre
vifs, à titre gratuit, entrent dans la composition de la masse. En

est-il de même à l'égard des biens aliénés, soit à charge de rente viagère, soit à fonds perdu ou avec réserve d'usufruit ? ou, en d'autres termes, ces biens sont-ils censés aliénés à titre onéreux ou à titre gratuit ? L'art. 918 établit à ce sujet une distinction. Il considère toute aliénation de ce genre, au profit d'un étranger, comme ayant été faite à titre onéreux ; par conséquent les biens qui en sont l'objet, ne peuvent point figurer dans la masse. Au contraire si une pareille disposition a eu lieu en faveur d'un successible, elle est réputée, par présomption légale, lui avoir été attribuée à titre purement gratuit, et la valeur en pleine propriété des biens qui y sont compris doit être imputée sur la masse. Mais à raison de la forme dans laquelle cette disposition a été faite, l'héritier avantagé est censé en avoir été gratifié à titre de préciput. Il n'est obligé d'en rapporter au partage, qui s'opère entre lui et ses cohéritiers à réserve, que ce qui excède la quotité disponible.

Cependant si les autres successibles avaient consenti à l'aliénation faite au profit de leur cohéritier, les biens sur lesquels elle porte ne seraient pas imputables sur la masse ; car alors la présomption légale, dont nous avons parlé plus haut n'existerait plus.

Les objets que l'art. 852 dispense du rapport sont également exclus de la masse : « Si l'héritier, dit M. Toullier, n'est pas obligé de « les rapporter à ses cohéritiers, il n'est pas plus obligé envers des « donataires étrangers de les rapporter à la masse fictive, qui doit « déterminer la portion disponible. »

L'immeuble qui a péri entre les mains du donataire par cas fortuit et sans sa faute, est considéré comme s'il avait péri entre les mains du donateur lui-même. Il n'est pas plus imputable sur la masse qu'il n'est sujet à rapport (art. 855 du Code civil).

SECTION II.

Évaluation de la masse.

Les biens existant dans la succession doivent être estimés d'après leur valeur au temps du décès du disposant. On n'a aucun égard à l'augmentation ou à la diminution survenue dans leur prix depuis cette époque, jusqu'au moment de l'estimation. Quant aux biens dont il a été disposé entre vifs, l'art. 922 veut qu'ils soient évalués d'après leur état à l'époque de la donation, et leur valeur au temps du décès du donateur. Les droits des héritiers à réserve s'ouvrant au décès de leur auteur, il était rationnel de partir de cette époque pour savoir si ces droits ont ou non été lésés par les dispositions du défunt. D'autre part on devait prendre en considération l'état des biens donnés, au moment de la donation. En effet, si le donataire avait, en s'imposant des sacrifices, amélioré l'état des objets dont il a été gratifié, il eût été souverainement injuste de ne pas lui tenir compte des dépenses qu'il a faites pour atteindre ce but, comme aussi, s'il avait détérioré ces objets c'eût été blesser les intérêts des héritiers à réserve, que de ne pas avoir égard à des dégradations qui ont pu sensiblement diminuer la valeur des biens soumis à leur droit de réserve. C'est pour ce motif que l'on ne fait pas entrer dans l'évaluation, la plus-value résultant des améliorations qui proviennent du fait du donateur ; la masse lui en doit récompense ; mais aussi on le rend responsable des dépréciations, que les biens dont il a été disposé en sa faveur ont éprouvées par sa faute. En un mot, on agit de la même manière que si les biens donnés fussent restés entre les mains du donateur, dans l'état où ils se trouvaient lors de la donation. On ne tient pas compte des augmentations ou diminutions de valeur qui dérivent de circonstances purement fortuites, et auxquelles le fait du donataire est étranger.

Si les donataires avaient aliéné les biens qui leur ont été donnés, il faudrait, à l'égard des améliorations ou dégradations faites par les tiers détenteurs, suivre la marche que nous venons de tracer pour celles qui proviennent des donataires eux-mêmes.

M. de Malleville, dans son analyse raisonnée de la discussion du Code civil, nous apprend que, lors de la discussion de l'art. 922, on

4

voulut distinguer pour l'estimation des objets qui doivent entrer dans la masse, comme dans le cas du rapport à succession, les meubles d'avec les immeubles, et prétendre que les meubles devaient s'estimer suivant leur valeur au temps de la donation ; mais que l'on répondit qu'il y avait une grande différence de la réduction au rapport ; que le donataire avait dû se croire propriétaire incommutable, au lieu que l'héritier avait dû savoir que sa donation serait sujette à rapport. Cependant il faut avouer que l'exécution littérale de l'art. 922, entraînera souvent de grands inconvénients, et sera même dans certaines circonstances la source de criantes injustices.

CHAPITRE III.

DES DROITS ET DES OBLIGATIONS DES HÉRITIERS A RÉSERVE.

Puisque la réserve n'est qu'un droit héréditaire garanti par la loi à certains successibles, il s'ensuit que les droits qui compètent à l'héritier à réserve, et les obligations qui lui sont imposées, doivent, autant que la nature du privilége établi en sa faveur le permet, se rapprocher des droits et des obligations des héritiers ordinaires. Comme pour ces derniers la loi distingue le cas où ils acceptent la succession de leur auteur purement et simplement, d'avec celui où ils l'acceptent sous bénéfice d'inventaire, nous adopterons la même division, et nous examinerons dans deux sections distinctes les droits, et les devoirs de l'héritier à réserve dans les mêmes circonstances ; enfin, dans une troisième section, nous chercherons à déterminer la position de l'héritier à réserve, qui serait en même temps donataire ou légataire.

SECTION PREMIÈRE.

Du cas où l'héritier à réserve accepte la succession purement et simplement.

En vertu de l'acceptation pure et simple de l'hérédité, le patrimoine du défunt se confond avec celui de son successeur. Les engagements contractés par le premier passent sur la tête du second, et celui-ci est tenu de les remplir, même sur son propre patrimoine et *ultra vires hæreditarias.*

La réserve que la loi accorde aux héritiers en ligne directe s'oppose-t-elle à ce qu'ils soient soumis aux conséquences que nous venons d'énoncer? Non certainement. En effet, l'unique but du législateur, en établissant une quotité indisponible, a été d'assurer à certains héritiers leur droit héréditaire contre les dispositions à titre gratuit du défunt. Il suit de là que la réserve n'a pu modifier que les relations de ces héritiers avec les légataires ou les donataires, et que ce n'est que vis-à-vis de ces derniers que la position d'un héritier à réserve diffère de celle d'un héritier ordinaire.

Ainsi, en acceptant purement et simplement la succession, l'héritier à réserve s'oblige à acquitter toutes les dettes qui grevaient le patrimoine de son auteur. Les créanciers de la succession deviennent ses propres créanciers, et comme tels entrent dans ses droits et actions. Au moyen de la subrogation judiciaire, ils acquièrent la faculté d'exercer en son nom le droit de réserve qui lui compète, et par suite celle de faire réduire à leur profit les donations qui excèdent la quotité disponible. On nous objectera peut-être que l'article 921 défend formellement aux créanciers du défunt de demander la réduction des donations. Mais nous ferons observer que, par l'effet de l'acceptation pure et simple, les créanciers du défunt sont à considérer comme étant créanciers de l'héritier, dont ils deviennent même les ayant-cause, en vertu de la subrogation judiciaire. Or, l'art. 921 accorde, en termes exprès, aux ayant-cause de l'héritier à réserve le droit de poursuivre en son nom la réduction des donations excessives.

Celui qui se porte héritier contracte l'obligation d'acquitter tous les legs, jusqu'à concurrence des biens qui se trouvent dans la succession. Néanmoins l'héritier à réserve, ne pouvant être dépouillé

4.

du droit de succéder à une certaine quotité des biens de son auteur, devait avoir la faculté de se refuser au payement intégral des dispositions testamentaires qui entament sa réserve : aussi la loi ne permet-elle aux légataires qui se trouvent en présence d'un héritier de cette nature d'exiger que l'abandon de la quotité disponible (article 920). Il est vrai qu'on a voulu soutenir que l'héritier qui accepte la succession purement et simplement s'oblige par là à acquitter tous les legs du défunt, si ce n'est sur son propre patrimoine, du moins jusqu'à concurrence des biens héréditaires. Mais il n'existe dans le Code aucun article qui impose à l'héritier, comme condition de l'exercice de son droit de réserve, l'acceptation de la succession sous bénéfice d'inventaire; et l'on ne voit point au nom de quelle autorité les partisans de cette opinion se permettent d'établir, au préjudice de l'héritier à réserve, une déchéance qui n'est point prononcée par la loi. L'héritier ordinaire, nous le reconnaissons, n'aurait aucun droit de se soustraire à l'acquittement des legs jusqu'à l'entier épuisement des biens de la succession. Mais c'est là précisément en quoi il diffère de l'héritier à réserve, que la loi a dû dispenser, du moins jusqu'à un certain point, de l'accomplissement de cette obligation; car l'existence d'une réserve est incompatible avec l'exécution rigoureuse des devoirs auxquels est soumis l'héritier non privilégié.

Si l'héritier à réserve n'est pas obligé en droit, pour pouvoir réduire les dispositions testamentaires qui lèsent sa réserve, d'user du bénéfice d'inventaire, la prudence lui conseille cependant de se servir de cette précaution; car, si les légataires venaient à l'accuser de recélé ou de dilapidation des biens de la succession, il pourrait, par ce moyen, leur démontrer d'une manière victorieuse que ces biens avaient en réalité la valeur à laquelle il les a estimés pour calculer sa réserve et qu'ils étaient insuffisants pour l'acquittement, soit intégral, soit même partiel, de leurs legs.

Les droits de l'héritier à réserve ne s'exercent pas seulement sur les biens héréditaires , ils s'étendent encore sur ceux qui sont sortis du patrimoine du défunt par des donations entre vifs. Ces donations, lorsqu'elles sont excessives, doivent être réduites à la quotité dont il est permis de disposer.

Les immeubles que l'héritier à réserve recouvre, en vertu de la réduction, lui reviennent francs et quittes de toutes charges et hypothèques que le donataire aurait établies sur eux (art. 929).

L'art. 930 prévoit le cas où les immeubles donnés auraient été aliénés par le donataire; il consacre à l'égard des tiers détenteurs de ces immeubles, la règle de droit *nemo plus juris in alium transferre potest quàm ipse habet*. Le donataire n'avait qu'une propriété révocable; il n'a donc pu transmettre que des droits également sujets à révocation. Ainsi, l'héritier à réserve peut revendiquer contre tout tiers acquéreur, les immeubles qu'il eût été autorisé à poursuivre contre le donataire par l'action en réduction, pourvu cependant qu'il ait au préalable discuté les biens de celui-ci.

Le donataire ayant dû se croire propriétaire incommutable des biens compris dans une donation qui, plus tard, est sujette à réduction, est censé avoir recueilli de bonne foi et a, par conséquent, acquis d'une manière irrévocable (art. 549 du Code civil), les fruits que ces biens ont produits jusqu'au décès du donateur. Mais comme c'est à cette époque que s'ouvre le droit de réserve et que doit se déterminer la réduction, les fruits perçus postérieurement sur les biens excédant la quotité disponible appartiennent à l'héritier à réserve, à condition toutefois qu'il forme sa demande dans l'année, sinon ils ne lui sont dus que du jour de la demande (art. 928).

SECTION II.

Du cas où l'héritier à réserve accepte la succession sous bénéfice d'inventaire.

L'unique but du bénéfice d'inventaire est d'empêcher la confusion du patrimoine du défunt avec celui du successeur et de soustraire ce dernier aux poursuites que les créanciers de la succession voudraient diriger contre lui pour le forcer à payer leurs créances dans le cas où elles ne pourraient être intégralement acquittées par les biens compris dans l'hérédité. Le bénéfice d'inventaire n'a donc aucune influence sur les relations de l'héritier à réserve avec les légataires ou les donataires; il ne peut changer que ses rapports avec les créanciers de la succession.

Par l'effet du bénéfice d'inventaire, les créanciers du défunt ne peuvent poursuivre que les biens qui se trouvent dans la succession. Mais aussi tous ces biens demeurent-ils affectés au payement de leur créance. Car la fortune du débiteur forme le gage commun de ses créanciers. Ceux-ci primeront donc toujours les héritiers à réserve ainsi que les légataires : les premiers à cause de la règle *bona non intelliguntur nisi deducto œre alieno,* et les seconds en vertu de la maxime *nemo liberalis nisi liberatus.*

Nous avons vu que lorsque l'actif de l'hérédité ne suffit pas à acquitter les dettes qui la grèvent, la réserve porte uniquement sur les biens que le disposant a aliénés par donations entre vifs. Mais dans le cas de l'acceptation pure et simple, les créanciers de la succession entrant dans tous les droits et actions de l'héritier, peuvent, en vertu de la subrogation judiciaire, exercer le droit de réduction qui lui compète, et par suite le priver des biens qui devaient composer sa réserve. Il n'en est pas de même lorsque la succession a été acceptée sous bénéfice d'inventaire. Les créanciers du défunt n'ont alors aucun recours soit direct, soit même indirect sur les biens que l'héritier à réserve acquiert au moyen de la réduction. En effet, ils ne peuvent demander leur payement à une personne qui ne s'est point obligée envers eux, ni, à plus forte raison, se faire subroger à ses droits. D'ailleurs les biens qu'ils voudraient poursuivre étaient à leur égard irrévocablement sortis du patrimoine de leur débiteur. Ils n'ont donc jamais dû compter sur ces biens pour l'acquittement de leurs créances.

SECTION III.

Du cas où l'héritier à réserve est en même temps donataire ou légataire.

La loi du 17 nivôse an II avait défendu d'avantager un successible au préjudice de ses cohéritiers. Elle avait rendu incompatibles la qualité d'héritier, et celle de donataire ou de légataire. Le Code civil n'est pas allé aussi loin. Il exige bien, en règle générale, que toute personne venant à la succession rapporte à ses cohéritiers les dispositions à titre gratuit faites en sa faveur par le défunt ; mais si celui-ci a manifesté une intention contraire, s'il a déclaré d'une manière expresse et formelle qu'il entend que les avantages par lui faits ne soient pas sujets à rapport, sa volonté doit être accomplie. Ainsi lorsqu'il existe au profit d'un héritier à réserve des donations ou des legs qui lui ont été attribués à titre de préciput, on ne les impute point sur sa part héréditaire ni par conséquent sur sa réserve ; à l'exemple de tout autre donataire étranger, il n'est tenu de rapporter que ce qui excède la quotité disponible.

L'art. 924 autorise l'héritier à réserve à qui il a été fait par préciput une donation réductible, à retenir sur les biens donnés la part qui lui appartiendrait comme héritier dans les biens non disponibles, pourvu qu'ils soient de même nature.

Lorsqu'un successible du nombre de ceux qui ont une réserve, est avantagé sans dispense de rapport, il faut, pour déterminer ses droits et ses devoirs, distinguer s'il accepte la succession ou s'il y renonce ; dans le premier cas, il doit rapporter à l'hérédité tout ce dont il a été disposé en sa faveur. Mais le rapport n'étant dû qu'aux seuls cohéritiers (art. 857 du Code civil), les donataires ni les légataires ne pourront l'exiger. Dans le second cas, il devient entièrement étranger à la succession, et comme tel il a le droit de retenir, jusqu'à concurrence de la quotité disponible les biens dont il a été gratifié.

CHAPITRE IV.

DE LA RÉDUCTION.

L'action en réduction que la loi accorde aux héritiers à réserve contre les dispositions à titre gratuit qui entament la portion rendue indisponible en leur faveur, ne peut être exercée qu'au moment de la mort naturelle ou civile du disposant. En effet, ce n'est qu'à cette époque que l'on peut connaître le nombre et la qualité des héritiers à réserve, et par suite déterminer si le défunt a ou non dépassé les limites apportées à sa faculté de disposer. Mais quelle est la loi à considérer pour fixer la quotité de biens disponible. Nous adoptons à cet égard l'opinion de M. Duranton, qui pense que l'on doit toujours suivre la loi en vigueur à l'époque où la disposition a eu son effet irrévocable. D'ou il résulte que les dispositions testamentaires seront réduites, d'après la loi du jour où le testateur est décédé, et les dispositions entre vifs, d'après celle qui règlait la quotité disponible au moment où elles sont devenues parfaites. Ainsi une loi postérieure qui restreindrait la quotité disponible, ne pourrait porter atteinte à des donations faites sous l'empire de la loi antérieure.

La loi n'a pas dû permettre aux héritiers à réserve de suivre, dans l'exercice de leur droit de réduction, une marche arbitraire. La manière de procéder qu'elle leur prescrit est fondée sur les principes d'une doctrine juste et rationnelle.

Les dispositions qui doivent être soumises les premières à la réduction, sont naturellement celles qui les premières ont porté atteinte à la réserve. Or, il est évident que si les donations entre vifs à elles seules n'excèdent pas la quotité disponible, mais que si on les joint aux legs, toutes ces dispositions réunies surpassent cette même quotité, ce sont les legs qui ont entamé les premiers la réserve, que les donations entre vifs avaient laissée intacte. Ainsi les dis-

positions testamentaires seront réduites en première ligne, et ce n'est
que dans le cas où l'annulation de ces dispositions ne suffirait pas
pour compléter la réserve, que l'on pourra attaquer les donations
entre vifs (art. 923 du Code civil). D'ailleurs, si l'on agissait autre-
ment, on autoriserait le disposant à révoquer par des legs excessifs
les donations qu'il a faites ; on admettrait donc que l'une des par-.
ties contractantes peut anéantir à son gré l'engagement qu'elle a con-
tracté.

Les dispositions testamentaires ayant toutes la même date, celle
de la mort du testateur, il n'y a pas de raison pour les préférer l'une
à l'autre quant à la réduction à opérer. Il faut donc les réduire toutes
au marc le franc (art. 926 du Code civil).

Autrefois on distinguait entre les legs particuliers et le legs universel ; on faisait d'abord porter la réduction sur ce dernier, et ce n'est
qu'après l'avoir épuisé qu'on attaquait les legs particuliers. Cette
distinction n'a pas été conservée par la législation actuelle. Lorsqu'un
légataire particulier se trouve en présence d'un légataire universel,
on commence par examiner ce que chacun d'eux aurait s'il n'y avait
point de réserve; puis on les réduit proportionnellement. Si cependant le testateur avait épuisé par des legs particuliers tout le patrimoine qu'il délaisse lors de son décès, le légataire universel ne pourrait rien réclamer. On suivrait alors la règle *specialia generalibus*
derogant. Le légataire universel serait considéré comme un simple
exécuteur testamentaire. Il ne pourrait, pour se refuser à l'abandon de tous les biens de l'hérédité, argumenter des dispositions de
l'art. 1009 du Code civil. Cet article, il est vrai, le dispense d'acquitter intégralement les legs particuliers lorsqu'il y a lieu à réduction. Mais c'est aux seuls héritiers à réserve et non point à lui que la
réduction doit profiter. Il serait absurde en effet que la réserve pût
rendre valable un legs fait à un étranger, et qui, sans elle, eût été
caduc faute d'objet.

La même manière d'opérer les mêmes arguments s'appliquent à

5

l'hypothèse où il y a des légataires particuliers en présence de légataires à titre universel.

Toutes les dispositions testamentaires, avons-nous dit, doivent être réduites au marc le franc ; néanmoins si le testateur a déclaré qu'il entend que tel legs soit acquitté de préférence aux autres, ce legs ne sera réduit qu'autant que la valeur de ces derniers ne remplirait pas la réserve (art. 927 du Code civil).

Si la valeur des donations entre vifs est égale à la quotité disponible, toutes les dispositions testamentaires sont caduques (art. 925) ; mais si cette valeur excède la quotité disponible, alors l'annulation des legs ne suffisant plus pour compléter la réserve, il faudra nécessairement procéder à la réduction des donations entre vifs. « Lorsqu'il y aura lieu à cette réduction, dit l'art. 923, elle se fera en commençant par la dernière donation, et ainsi de suite, en remontant des dernières aux plus anciennes. » Les raisonnements, au moyen desquels nous avons démontré que les donations entre vifs ne doivent être réduites qu'après les legs, justifient la marche que la loi prescrit par cet article pour la réduction des donations entre vifs.

Les donations entre époux, pendant le mariage, ne deviennent irrévocables qu'au décès du donateur. Elles subiront donc la réduction avant toutes les autres donations entre vifs même postérieures, mais seulement après les dispositions testamentaires.

Les donations de biens à venir que la loi permet quand elles ont lieu par contrat de mariage, sont placées sur la même ligne que les autres donations. Ainsi c'est la date du jour où elles sont intervenues qui détermine leur rang dans l'ordre de réduction. Car si ces donations sont révocables jusqu'au décès du donateur, en ce que celui-ci peut encore disposer à titre onéreux des objets qu'elles comprennent, elles sont du moins irrévocables en ce sens qu'elles sont à l'abri de toute disposition à titre gratuit qui leur serait postérieure.

Si les donataires de biens immobiliers ont aliéné les immeubles qui leur ont été donnés, il faut, dans l'exercice de l'action en revendication contre les tiers-détenteurs suivre le même ordre que celui qui est prescrit pour la réduction contre les donataires. S'il y a plusieurs tiers détenteurs, tenant leurs droits d'un même donataire, l'action en revendication devra être exercée suivant l'ordre des dates des aliénations, en remontant de la plus récente à la plus ancienne (art. 930).

Si un donataire au profit duquel il a été fait une donation d'effets mobiliers, est devenu insolvable, l'héritier à réserve a le droit de faire porter la réduction sur la donation suivante, pourvu qu'il ait d'abord discuté le patrimoine du donataire insolvable; car de la discussion devra ressortir la preuve de l'insolvabilité.

L'art. 917 détermine le mode de réduction des dispositions entre vifs ou testamentaires dont l'objet serait un usufruit ou une rente viagère. Il donne à l'héritier le choix ou d'exécuter en entier ces dispositions, ou de faire à ceux qui en ont été gratifiés, l'abandon de la propriété de la quotité disponible. Le but de cet article était surtout d'éviter l'appréciation toujours très-conjecturale de la valeur d'un usufruit ou d'un rente viagère.

CHAPITRE V.

DE L'EXTINCTION DU DROIT DE RÉSERVE.

Le droit de réserve s'éteint au préjudice de ceux auxquels il compète;

Par suite du jugement qui les déclare indignes de venir à la succession;

Par leur renonciation, soit qu'ils renoncent à la succession en général, soit qu'ils renoncent simplement à la réserve;

Par la prescription des actions au moyen desquelles on le fait valoir; ces actions sont au nombre de trois, savoir:

1° La pétition d'hérédité qui appartient à l'héritier contre tout tiers détenteurs de la succession : elle se prescrit par trente ans.

2° L'action en réduction contre les donataires : elle se prescrit également par trente années, à partir du décès du disposant. L'exception de réduction contre les légataires n'est pas sujette à prescription, conformément à la règle *quæ temporalia ad agendum perpetua sunt ad excipiendum.*

3° L'action en revendication contre les détenteurs de biens immobiliers, aliénés par les donataires : cette action se prescrit par dix ans entre présents et vingt ans entre absents, toujours à dater de la mort du donateur.

JUS ROMANUM.

I.

Portio legitima est pars bonorum suorum quam defunctus donator vel testator, certis personis ipsi ab intestato successuris relinquere debuit ; ideoque portio illa legitima vocatur quia ex legis auctoritate defertur.

II.

Personæ quibus legitima debetur, sunt liberi, his deficientibus parentes ; fratres quoque et sorores ad legitimam portionem jus habent, sed in uno saltem casu, scilicet, si turpis persona hæres sit instituta.

III.

Quantitas legitimæ portionis olim indifferenter quarta portionis ab intestato erat, et idcirco, quarta legitima quoque dicebatur. Jure vero novellarum, si quatuor liberi aut parentes, aut fratres vel sorores sunt, portio legitima est triens, si quinque vel plures, semissis.

IV.

Quovis titulo olim legitima relinqui poterat quibus vindicandæ illius erat jus, sed lege justinianeâ edictum est ut parentes et liberi semper hæredes instituerentur; quoad fratres et sorores, lex antiqua perstitit.

V.

Si immensis largitalibus exhaustum est defuncti patrimonium, datur eis quibus jus legitimæ portionis adscriptum est; inofficiosi testamenti vel inofficiosæ donationis querela, ad id, ut hanc sibi ademptam portionem, consequantur.

VI.

Dicitur autem inofficiosum, testamentum in quo illæ personæ quibus legitima debetur, a testatoris hæreditate rite quidem sed inique sunt exclusæ. Si obtineret querela inofficiosi, totum olim corruebat testamentum; et hoc quidem jure novo quoad fratres et sorores non est mutatum. Nunc vero, actio ista, si a liberis vel parentibus inferatur, hæredis institutionem tantum impugnat, legata cæteraque testamenti capitula non rescinduntur.

VII.

Querelam inofficiosi movere non possunt personæ supra recensitæ, si quantulacunque legitimæ pars, illis relicta sit, dummodo liberi vel parentes in eâ parte hæredes sint instituti. Datur vero illis quibus legitima non integra evenit, actio suppletoria ad vindicandum id quod huic portioni deest.

VIII.

Si donationibus exhausta est legitimæ substantia, inofficiosæ dicuntur donationes illæ competitque post donatoris mortem, hæredibus, inofficiosæ donationis querela, ad hoc ut donationes usque ad legitimam rescindantur.

IX.

Legitima nullo onere neque gravamine affici potest.

X.

Ex propriâ defuncti substantiâ, legitima præstanda est.

XI.

Legitima non intelligitur nisi deducto ære alieno.

DROIT CRIMINEL.

DE L'ACTION CIVILE NAISSANT D'UN DÉLIT.

On désigne sous le nom de délit (s. l.), toute infraction à la loi pénale. Cette loi a pour but de garantir l'ordre et la sûreté du corps social, au moyen des prohibitions qu'elle établit et des peines qui les sanctionnent. Tout délit constitue donc une atteinte à la paix publique, et impose à la société le devoir de poursuivre contre le délinquant l'application des peines qu'il a encourues. Mais si les intérêts sociaux exigent une réparation, les intérêts de celui qui a été la victime du délit, ne doivent pas non plus avoir été lésés impunément. Le Code civil (art. 1382) accorde à celui qui a souffert un préjudice par suite d'un fait, même exempt de toute criminalité, une action aux fins d'être indemnisé du dommage qu'il a éprouvé. A plus forte raison, l'auteur d'un fait incriminé par la loi devait-il être soumis à l'obligation de réparer le mal causé par son délit. Aussi la loi pénale réserve-t-elle formellement (Code d'instruction criminelle, art. 1) à la personne lésée, une action en réparation du tort qui lui a été occasionné. Cette action est désignée sous le nom d'*action civile*, par opposition à l'action qui appartient à la société, et en son nom au ministère public pour l'application des peines, et qu'on appelle *action publique*.

Il résulte de ces notions préliminaires que l'objet de l'action civile consiste dans la réparation du dommage civil causé par le délit. On a élevé la question de savoir si ce dommage comprend l'injure morale que le délit a causée par le fait même au particulier qu'il a frappé, ou s'il ne s'entend que du préjudice pécuniaire proprement dit. M. Mangin paraît adopter cette dernière interprétation. Il dit, en effet, au § 123 de son *Traité de l'action publique et de l'action civile en matière criminelle*, qu'il ne suffit pas pour que l'action civile soit fondée, que la personne qui prétend l'exercer, ait été blessée dans ses affections, parce que la réparation de cette lésion se trouve dans la peine que la loi inflige au coupable; or, l'action pour l'application des peines n'appartient qu'au ministère public. Nous ne savons pas sur quelle autorité s'appuie M. Mangin pour proscrire l'action civile dans le cas où le délit n'a causé à la personne qui en a été la victime, aucun tort pécuniaire. L'injure morale résultant du délit sera souvent beaucoup plus grave, plus poignante que tout autre dommage apporté aux intérêts matériels de la personne lésée; et l'on accorderait une action en dommages-intérêts pour un préjudice de cette dernière espèce, tandis que l'on refuserait toute satisfaction aux intérêts souvent les plus chers et les plus précieux à un homme! L'ordre social inflige, il est vrai, au délinquant la peine établie contre le délit dont il s'est rendu coupable; mais cette punition, après tout, n'a d'autre but que de réprimer, dans le seul intérêt de la société, les infractions à la loi pénale. Ce n'est point l'intérêt de la partie lésée qui sert de mobile à l'action du ministère public; son unique mission à lui, dans la recherche et la poursuite des délits, est de faire punir les atteintes portées à la paix et à la tranquillité publique. Nous dirons donc avec M. Rauter (*Traité du droit criminel*, § 133) que le dommage dont il est ici question, consiste d'abord et principalement dans l'injure morale soufferte par la partie lésée, et que le tort pécuniaire ne vient qu'en seconde ligne. Cependant nous ferons remarquer que généralement (voyez cependant art. 226 du Code pénal) la réparation du tort moral, à l'instar de celle du tort pécuniaire, ne se résout qu'en argent.

Le préjudice pécuniaire causé par le délit comprend ce que l'on est convenu de désigner en langage juridique par l'expression *damnum emergens et lucrum cessans.*

L'action civile ayant pour objet une dette civile doit nécessairement passer aux héritiers de la personne lésée. Elle peut également, comme toute autre action ayant pour but des intérêts pécuniaires, être cédée à un tiers, sauf l'application du bénéfice de la loi Anastusienne (art. 1699 du Code civil).

La loi pénale ayant consacré le principe que les délits sont personnels, il en résulte que l'action publique ne peut être intentée que contre celui qui a commis le délit; elle doit donc s'éteindre par la mort du prévenu. L'action civile, au contraire, compète à la partie lésée, non-seulement contre le délinquant lui-même, mais encore contre ses héritiers (art. 2 du Code d'instruction criminelle) et contre les personnes qui sont civilement responsables de ses faits (cpr. art. 1384 du Code civil, art. 73 du Code pénal et loi du 10 vendemiaire an IV) En effet, l'objet de cette action ne constitue qu'une dette civile; or, une dette de cette nature oblige les héritiers et les cautions tout aussi bien que le débiteur lui-même.

L'action civile rentre naturellement dans la compétence de la juridiction civile. Cependant, en haine du délit, et pour rendre plus prompte la réparation due à la partie lésée, le législateur a accordé à celle-ci la faculté de porter son action devant les juges criminels (art. 3 du Code d'instruction criminelle). Pour déterminer l'exercice de cette faculté, il faut distinguer si le délit dont il est question, ressort du grand ou du petit criminel; au premier cas, la partie lésée devra adresser, soit au juge d'instruction, soit au ministère public, une plainte dans laquelle elle déclare se constituer partie (art. 63, Code d'instruction criminelle), ou se joindre à la poursuite du ministère public dans le cas où celle-ci serait déjà intentée (art. 359 Code d'instruction criminelle). Au second cas, elle peut saisir le juge criminel directement et par action principale (art. 145 et 182 du Code d'instrucction criminelle). Il faut néanmoins observer que le juge criminel ne peut statuer sur l'action civile qu'autant qu'il se trouve en même temps saisi de l'action publique (art. 161, 191 et 358 du Code d'instruction criminelle). Ainsi on ne pourrait traduire en justice criminelle une personne civilement responsable du délit d'une autre, qu'à condition que le délinquant y serait traduit lui-même; sinon les tribunaux criminels seraient incompétents *ratione materiæ.*

La partie lésée est libre de porter son action devant les tribunaux civils ou devant les tribunaux criminels; mais une fois qu'elle a choisi l'une de ces deux voies, il ne lui est plus permis de l'abandonner pour revenir à l'autre. Ainsi la partie civile qui s'est adressée au juge criminel ne peut se désister de ses poursuites pour les recommencer au civil, pas plus qu'elle ne pourrait, du moins en règle générale, procéder devant la juridiction criminelle après qu'elle a saisi les tribunaux civils.

L'action publique, à raison de son importance, suspend lorsqu'elle est exercée, et jusqu'à ce qu'elle soit définitivement jugée, les poursuites de la partie lésée devant les tribunaux civils (art. 3 du Code d'instruction criminelle). En ce sens, l'on dit, que *le criminel tient le civil en état,* c'est-à-dire en s uspens.

En règle générale, les poursuites du ministère public pour l'application des peines ne peuvent dépendre de celles de la partie civile pour la réparation du dommage qu'elle a éprouvé. Ainsi la renonciation de celle-ci à l'action introduite en sa faveur, ou la transaction qui interviendrait entre elle et le délinquant sur les restitutions à faire par ce dernier, sont sans influence sur l'action publique. Il est cependant certains cas exceptionnels où le ministère public ne peut agir qu'autant qu'il y a été provoqué par la partie civile (cpr. Code d'instruction criminelle, art. 7; Code pénal, art. 357, 336 et 339, etc.). Mais une fois que l'action publique est exercée, la renonciation postérieure ou le désistement de la partie civile ne peut plus l'arrêter, à moins que la loi ne contienne à cet égard une disposition formelle.

Les règles concernant la capacité de la personne lésée qui veut exercer l'action civile, sont les mêmes que celles qui régissent la capacité de cette personne pour introduire toute autre action judiciaire. Ainsi les mineurs et les femmes mariées, devront être dûment autorisés, l'étranger pourra être contraint à fournir la caution *judicatum solvi*.

Lorsque l'action civile a été jugée par l'une des deux juridictions qui lui étaient ouvertes, elle ne peut plus être reportée devant l'autre; l'accusé la repousserait avec succès au moyen de l'exception de la chose jugée (art. 1351 du Code civil). Cependant si les juges criminels absolvent le prévenu, comme alors ils deviennent incompétents pour statuer sur les réclamations civiles qui ne leur étaient déférées qu'accessoirement à la réparation demandée par l'ordre social, la partie lésée conserve le droit de saisir de son action les tribunaux civils, si elle prétend que le fait dont elle se plaint, quoique déclaré non criminel, lui a cependant préjudicié. Néanmoins les juges du grand criminel doivent statuer sur l'action civile, lors même que le prévenu serait acquitté (art. 358 du Code d'instruction criminelle).

Le jugement d'absolution ne fait naître en faveur de l'accusé absous, pour la non-existence de l'obligation civile qu'une simple présomption de fait, et encore cette présomption n'existe-t-elle qu'autant que le jugement d'absolution décide implicitement qu'on ne peut reprocher au prévenu une faute même simplement civile.

L'art. 54 du Code pénal veut que les restitutions et dommages-intérêts adjugés à la partie lésée soient acquittés préférablement à l'amende qui peut avoir été prononcée contre le prévenu.

En vertu de l'art. 55 du Code pénal, les auteurs d'un même délit doivent être condamnés solidairement à la réparation du dommage qui en a été la suite.

Si par l'effet du délit la partie civile a été dépouillée d'un objet qui lui appartient, le délinquant sera condamné à le restituer en nature, toutes les fois que cette restitution peut encore avoir lieu.

L'action publique et l'action civile naissant d'une même cause se prescrivent en thèse générale par le même laps de temps (art. 638 du Code d'instruction criminelle). La partie lésée devra donc intenter son action dans le délai de dix ans, de trois ans ou d'une année, suivant que le fait qui lui a porté préjudice constitue un crime, un délit (Code d'instruction criminelle) ou une simple contravention. Le temps de cette prescription ne change pas dans le cas où la partie lésée s'adresserait aux juges civils. Car la prescription que l'on doit appliquer ne dépend pas de la nature de la juridiction devant laquelle l'action est portée, mais bien de la nature de l'action elle-même. Cependant cette prescription n'éteint que l'action qui naît directement du délit et non celle qui résulterait d'un contrat civil préexistant et dont la violation constituerait le délit.

DROIT COMMERCIAL.

DES LIVRES DE COMMERCE.
(CODE DE COMMERCE, ART. 8417).

La promptitude et la multiplicité des opérations commerciales empêcheraient souvent un commerçant de connaître la véritable situation de ses affaires, s'il n'avait soin de consigner sur des registres toutes les négocations auxquelles il se livre. Souvent sans cette précaution, il se trouverait dans l'impossibilité de savoir si les spéculations qu'il a entreprises ont été favorables à ses intérêts, ou si, au contraire, elles lui ont occasionné des pertes; et comme la marche qu'il devra suivra à l'avenir dépend en grande partie du résultat de ces spéculations, il serait réduit, s'il ne le connaissait d'une manière précise et certaine, à s'avancer en aveugle, privé de tout guide, pour le diriger. Ainsi donc, même dans le cas où aucune loi ne lui en imposerait l'obligation, tout commerçant, ami de l'ordre et soigneux de ses affaires, devrait s'assujettir à tenir un compte exact de ses opérations. Si le législateur a contraint les commerçants à l'accomplissement d'un devoir que leur propre intérêt leur conseillait de remplir, c'est que la tenue régulière des livres de commerce importe aux tiers et à la société en général, tout aussi bien qu'aux commerçants eux-mêmes. En cas de contestation pour faits commerciaux, les livres de commerce fournissent aux juges de précieux renseignements pour la décision qu'ils ont à rendre. Lorsqu'il survient une faillite, la conduite du failli est mise à découvert au moyen de ses livres; si des circonstances qu'il ne pouvait prévoir ni éviter ont amené sa ruine, il sera à même de démontrer par là ses malheurs et sa bonne foi. Au contraire, s'il s'est jeté dans des entreprises aventureuses et d'une réussite plus qu'incertaine , s'il n'a pas consacré à ses affaires tous les soins qu'elles exigeaient ou s'il a commis des fraudes au préjudice de ses créanciers, ses livres témoigneront, selon les circonstances, de sa témérité, de sa négligence ou de sa mauvaise foi, et serviront ainsi à diriger l'action de la justice dans la répression des banqueroutes. Enfin, le commerce étant le principal soutien de la société, celle-ci devait veiller à ce que les commerçants procédassent dans leurs opérations d'une manière sûre et régulière, et par conséquent les soumettre à l'obligation de tenir des livres.

Les livres que tout commerçant est obligé de tenir, sont au nombre de trois, savoir : le *livre-journal*, le *livre des inventaires* et le *livre des copies de lettres.*

Le livre-journal doit, suivant les termes de l'art. 8 du Code de commerce, présenter jour par jour les dettes actives et passives du commerçant, ses négociations, acceptations ou endossements, et généralement tout ce qu'il reçoit ou paye, à quelque titre que ce soit, et énoncer mois par mois les sommes employées à la dépense de sa maison.

Le livre des inventaires est destiné à recevoir les inventaires que le commerçant doit faire tous les ans de ses effets mobiliers et immobiliers, et de ses dettes actives et passives (art. 9 du Code de commerce). Au moyen de ces inventaires, qui d'ailleurs peuvent être faits sous seing privé, le commerçant est forcé de se rendre compte de l'état de ses affaires.

Sur le livre des copies de lettres doivent être copiées toutes les lettres envoyées par le commerçant dans l'intérêt de son commerce. La loi a voulu assurer par là aux commerçants un moyen de prouver leurs transactions. Pour atteindre ce but plus sûrement, elle leur a également imposé l'obligation de mettre en liasse et de conserver les lettres qu'ils reçoivent (art. 8 du Code de commerce).

Outre ces livres, dont la tenue est impérieusement exigée par la loi, les commerçants ont l'habitude d'en tenir encore plusieurs autres, qu'on nomme *livres auxiliaires*, et qui ont pour but de rendre l'usage des livres indispensables plus commode, et les recherches, qu'on est obligé d'y faire, moins pénibles et moins longues.

Les formalités prescrites pour la tenue des livres obligatoires sont les suivantes : Ils doivent être cotés, paraphés et visés, soit par un des juges des tribunaux de commerce, soit par le maire ou un adjoint, dans la forme ordinaire et sans frais (art. 11 du Code de commerce). Le paraphe et le visa doivent être renouvelés une fois par année sur le livre-journal et le livre des inventaires. Le livre des copies des lettres n'est point assujetti à cette dernière formalité (art. 10 du Code de commerce). Les livres de commerce étaient primitivement soumis au timbre (loi du 28 avril 1815). Mais tout récemment la loi du 20 juillet 1837 les a dispensés de cette condition à partir du 1er janvier 1838. Enfin les écritures sur les livres de commerce doivent êtres faites par ordre de dates, sans blancs, lacunes ni transports en marge. Au moyen de ces dispositions et en authentiquant pour ainsi dire la forme des livres obligatoires, la loi a voulu prévenir les fraudes que le commerçant de mauvaise foi eût pu commettre pour nier ses engagements ou pour dérober à ses créanciers, en cas de faillite, des biens qui devaient contribuer au payement de leurs créances.

L'art. 11 du Code de commerce ordonne au commerçant de conserver ses livres pendant dix ans. Mais la prudence lui conseille de les garder pendant un plus long espace de temps ; car, même après l'époque fixée par l'article précité, ils peuvent faire foi dans les contestations qui surviennent à celui qui les a tenus.

Les dispositions sur la tenue des livres sont sanctionnées par les art. 586 et 591 du Code de commerce et les art. 147 et 402 du Code pénal.

Ce qu'on désigne en pratique sous le nom de *tenue des livres*, constitue un art spécial de tenir la comptabilité des livres de commerce. Les règles qui le gouvernent ne rentrent pas dans le cadre de cette dissertation. Nous ne nous en occuperons point.

Il est de principe que nul ne peut se faire de titre à soi-même. Cependant la bonne foi qui préside au commerce et la rapidité des transactions commerciales ont fait admettre une exception à cette règle. Les livres de commerce obligatoires peuvent, s'ils sont régulièrement tenus, être admis par le juge pour faire preuve complète entre commerçants des faits de commerce qui y sont énoncés, tant en faveur de celui qui les a tenus que contre lui (art. 12 du Code de commerce). Les livres facultatifs n'ont point la même force probante; ils ne prouvent rien par eux-mêmes; ils ne peuvent servir qu'à compléter ou à corroborer les énonciations des livres indispensables.

Les livres des commerçants ne font point, contre les personnes non commerçantes, preuve des fournitures qui y sont portées. Cependant les énonciations qu'ils renferment peuvent être regardées comme un commencement de preuve par écrit, qui autorise la délation du serment supplétoire ou l'admission de la preuve testimoniale (article 1329 du Code civil).

Les livres de commerce, obligatoires ou facultatifs, régulièrement ou irrégulièrement tenus, font toujours preuve contre le commerçant auquel ils appartiennent, peu importe que l'autre partie soit elle-même commerçante ou non; néanmoins celui qui veut en tirer avantage ne peut les diviser en ce qu'ils contiennent de contraire à ses prétentions (art. 1330 du Code civil). Ces dispositions sont fondées sur le principe que les énonciations des livres de commerce sont à considérer comme un aveu de la part du commerçant qui les a tenus; c'est pour ce motif que ces énonciations sont régies par des règles analogues à celles qui gouvernent l'aveu (cpr. art. 1356 du Code civil).

Les livres de commerce ne peuvent faire foi qu'autant qu'ils sont produits aux yeux du juge. On distingue à cet égard la communication et la représentation des livres. On entend par *communication* la production des livres de commerce pour être feuilletés dans leur entier. La réussite des spéculations commerciales, dépendant souvent du secret dont elles sont entourées, la communication de ses livres ne peut être imposée au commerçant par le juge que dans des circonstances très-rares, et où cette communication est absolument nécessaire, comme dans les affaires de succession, de communauté, de partage de société ou en cas de faillite (art. 14 du Code de commerce).

La *représentation* est la production qui a lieu pour ne laisser voir dans les livres que l'article relatif au procès. La représentation peut avoir lieu dans toute contestation ; elle peut être offerte par le commerçant, demandée par son adversaire ou ordonnée par le juge. Le défaut de la part du commerçant de représenter ses livres, lorsque l'autre partie, commerçante ou non, offre d'y ajouter foi, forme en faveur de cette dernière un commencement de preuve qui autorise le juge à lui déférer le serment supplétoire (art. 17 du Code de commerce).

D'après les dispositions de l'art. 16 du Code de commerce, lorsque les livres qui doivent être représentés, se trouvent dans des lieux éloignés du tribunal saisi de l'affaire, les juges peuvent adresser une commission rogatoire au tribunal de commerce du lieu ou déléguer un juge de paix, pour en prendre connaissance, dresser procès-verbal du contenu et l'envoyer au tribunal saisi de la contestation. Cette vérification n'est point assujettie aux formalités exigées, pour un compulsoire en matière civile.

FIN.